AF260286

AU SERVICE

DE

❦ L'ALLEMAGNE ❦

M. RUYSSEN

SES CONFÉRENCES EN ALSACE ET A BORDEAUX

25 Centimes.

BORDEAUX
IMPRIMERIE COOPÉRATIVE
16, Rue St-Siméon, 16

1913

N. & H. RANGIS

AU SERVICE

DE

L'ALLEMAGNE

M. RUYSSEN

SES CONFÉRENCES EN ALSACE ET A BORDEAUX

25 Centimes.

BORDEAUX
IMPRIMERIE COOPÉRATIVE
16, Rue St-Siméon, 16

1913

Au Service de l'Allemagne

Ces quelques pages sont écrites pour éclairer d'une façon définitive le cas de M. Ruyssen, professeur de philosophie à Bordeaux, de pacifisme en Alsace-Lorraine et de désorganisation française partout.

Elles ont aussi pour but de détruire certaines insinuations faussés ou perfidement présentées par sa récente brochure (1).

—————×————

(1) *L'Alsace-Lorraine et la Paix*. Conférence faite à l'Athénée de Bordeaux, le 23 Février 1913. *Les facteurs spirituels du rapprochement international*. Conférence faite à Strasbourg le 1ᵉʳ Février 1913, par M. Th. Ruyssen, professeur à l'Université de Bordeaux, Président de l'Association de la Paix par le Droit. Bordeaux. Imprimerie G. Delmas, 1913. Nous désignerons spécialement cette brochure par la mention op. cit.

Le cas de M. Ruyssen

M. Ruyssen est allé à Strasbourg, Colmar et Mulhouse prononcer trois conférences, les 1er, 3 et 4 Févrer 1913. Ces conférences étaient des conférences pacifistes, et, en dépit des nuances dont il a pu déguiser ses paroles, en dehors des discours prononcés à ses côtés et sur lesquels nous reviendrons, ce fait seul a eu en Alsace-Lorraine une portée douloureusement profonde.

Il est bien clair que parler de pacifisme aux Alsaciens-Lorrains, c'est, malgré toutes les précautions oratoires, leur dire :

« Acceptez la botte et la loi du vainqueur, j'en prends mon parti, prenez-en le vôtre ». Et lorsque ces mots sont prononcés par un Français, ils paraissent plus amers et plus durs.

M. Ruyssen a même utilisé pour administrer avec plus de succès le chloroforme pacifiste aux annexés, son titre et son prestige de professeur d'Université Française.

Il l'a fait, à Strasbourg, sous les auspices de la société allemande *« Verband fur internationale Verstœndigung »* qui dernièrement déclarait qu'il 'n'y a pas de question d'Alsace-Lorraine. Il l'a fait, s'exhibant à côté d'un professeur allemand, applaudi par la feuille pangermaniste « *Strassburger-Post* » Il l'a fait comme si on n'était plus au lendemain du coup d'Agadir et de la cession du Congo, au milieu des exigences militaires et des armements croissants de la brutalité allemande, au moment de la dissolution du « *Souvenir Alsacien-Lorrain* » qui maintenait en territoire annexé la tradition française, enfin, au cours même des vexations subies par l'abbé Wetterlé, député alsacien au Reichstag, et y représentant la protestation de l'esprit français devant la « *Kultur* » germanique.

Tel est le rôle joué par M. Ruyssen. A-t-il compris ce qu'il faisait ? A-t-il fait le mal inconsciemment ? On l'a dit. M. Ruyssen serait allé en Alsace comme en Patagonie ou en Afrique, sans établir en son cœur ou en son esprit, de différence.

Mais cela est de peu d'importance ; faute de cœur ou faute de raison, Monsieur Ruyssen a fait œuvre de démoralisation. Il a paru représenter la France elle-même, conseillant l'acceptation passive d'une défaite aux opprimés dont elle avait accueilli sans réserves, l'émouvante protestation :

Protestation des Députés Alsaciens-Lorrains à l'Assemblée Nationale de Bordeaux, le 17 Février 1871.

...En foi de quoi nous prenons, nous, citoyen de France, les gouvernements et les peuples à témoins que nous *tenons pour nuls et non avenus, tous actes ou traités, vote ou plebiscite*, qui consentiraient abandon en faveur de l'étranger, de tout ou partie de nos provinces de l'Alsace et de la Lorraine.

Nous proclamons par les présentes *à jamais inviolable le droit des Alsaciens et des Lorrains de rester membres de la Nation française* et nous jurons tant pour nous que pour nos commettants, *nos enfants et leurs descendants*, de le revendiquer *éternellement et par toutes voies* envers et contre tous usurpateurs »

M. Ruyssen aurait du comprendre que lorsqu'un tel contrat unit deux provinces à son pays, l'on ne peut pas impunément chercher à le rompre et que manquer au serment juré, c'est précisément faillir à cet honneur, abdiquer à cette dignité dont M. Ruyssen voudrait faire si grand cas (1).

Il fallait qu'une réparation vint de France.

Les étudiants de Bordeaux l'ont entreprise. Ils ont voulu que leur voix fut assez puissante

(1) Conf. Rayssen, p. 28.

pour parvenir jusqu'à la frontière, la traverser et dire là-bas, que cet universitaire français, désavoué par ceux qu'il est chargé d'enseigner, ne représentait pas leur patrie.

Le 11 Février, les Etudiants massés au cours public de M. Ruyssen, à la Faculté des lettres, l'interrompent sous les sifflets et les huées. Aucune des autorités universitaires, intervenues pour la forme, ne croit devoir prendre de sanction réelle contre eux.

Le 18 Février, le cours public du mardi ayant été transformé en cours hermétiquement clos, la manifestation a lieu sur le cours Pasteur et Ruyssen revient chez lui sous les huées de ses étudiants, « *meute hurlante, dit-il, dont j'étais heureusement séparé par le rempart que formaient autour de moi des amis dévoués* » (1).

Dès les premières huées de la « meute hurlante ». (Les Etudiants sont rarement gâtés de telles épithètes). M. Ruyssen se répand en lamentations, déclare de vive voix et par

(1) p. 4. op. cit.

écrit (1), qu'il n'aurait pas mieux demandé que de s'expliquer en public ou en particulier. L'*Action Française* le prend au mot, organise une réunion pour le 22 Février, l'y convie le 17 en lui garantissant la liberté de la parole, avec autant de cartes d'entrées qu'il en désirera pour ses partisans, et lui en fait remettre trente immédiatement.

M. Ruyssen avait promis de donner le même soir une conférence anti-alcoolique à la Bastide. Tout était prêt à l'*Action Française* : la salle prêtée par la municipalité, les orateurs retenus : il s'agissait d'un côté de se disculper d'un véritable crime de lèse-patrie, de l'autre, de redire des vérités cent fois connues. M. Ruyssen a *« très catégoriquement refusé, non seulement de se dégager, mais d'essayer de se dégager »* (2). Il l'avoue lui-même.

Enfin, poussé à bout par les instances de l'*Action Française*, il écrit à son représentant (3) : *J'aurais sans doute répondu à votre nouvel appel si une autre réunion n'était en préparation ; sauf empêchement, c'est le Vendredi 28 Février qu'elle aura lieu »*. Et il

(1) Lettre au *Nouvelliste*, 15 Février.
(2) Op. cit. p. 5.
(3) Lettre du 20 Févr.

ajoute (1) : *« Vous y serez invité, je vous tiendrai au courant »*.

Ayant fait cette promesse, M. Ruyssen ne donne plus signe de vie à l'*Action Française* (dont entre temps la réunion remporte un grand succès avec M. Marie de Roux, Elie de Sèze et Henri Lagrange). Le 28 Février au matin, il lui fait parvenir *une* carte d'invitation pour le soir.

Les Etudiants, qui de leur côté attendaient avec impatience les explications de leur professeur, étaient soigneusement exclus et tous leurs efforts pour se procurer des cartes d'entrée restaient vains. Mais les syndicats ouvriers embrigadés par la Bourse du Travail, convoqués par le journal « *La France* » (2) recevaient par ailleurs et de tous côtés (3), des cartes d'invitation. En sorte que toute mesure était prise pour étouffer la contradiction, pour étouffer même le contradicteur, car une réunion où les compères ont envahi toute la place et qui est fallacieusement dite publique c'est-à-dire où les organisateurs n'ont aucune responsabilité en cas de dé-

(1) Lettre du 22 Févr.

(2) Nᵒ du 27 Février 1913.

(3) Des cartes en dépôt à la Bourse du Travail n'étaient délivrées qu'aux ouvriers syndiqués.

sordre, ressemble fort à un guet-apens (1).

C'est ainsi que M. Ruyssen à court de raisons et se sentant abandonné par l'Université : professeurs et étudiants, s'est tourné vers la politique pour tenter de l'intimidation. Avec l'aide de la Ligue des Droits de l'Homme (2) et de quelques bourgeois politiciens toujours prêts à profiter des divisions, il s'est efforcé de lancer sur les Etudiants la classe ouvrière qui n'avait rien à voir dans son différend avec eux. M. Ruyssen, qui prêche la paix aux nations, antagonistes de race et de civilisation, qui maudit ce *« culte de la violence dont l'Action Française s'est faite la dévote servante »* (3) a créé dans Bordeaux la guerre civile entre Français de même langue, de même sang, de même esprit.

Le 4 Mars, les Etudiants, indignés de l'attitude de M. Ruyssen, font rue Duffour-Dubergier une manifestation violente. Il y a du sang versé, des charges de police et de cavalerie et

<hr>

(1) La réunion de l'*Action Française* était privée et les organisateurs garantissaient à M. Ruyssen la liberté de la parole.

(2) La Ligue des Droits de l'Homme a été fondée au moment de l'affaire Dreyfus, pour faire triompher la cause du traître juif. Elle sut alors faire « marcher » la classe ouvrière. Celle-ci fut payée de sa naïveté, une fois les meneurs au pouvoir, par les fusillades le Narbonne, de Draveil. de Villeneuve St-George

(3) p. cit. Op. 30.

l'on voit la force publique, déchirer le drapeau tricolore.

Le 11 Mars, la gravité croissante des manifestations occasionne des conflits acharnés entre la police et les Etudiants (1). Celle-ci marchant sans doute encore à contre-cœur, mais obéissant on ne sait à quelle consigne, eut la honte de faire cause commune avec les bandes de l'Internationale (2) venues comme tous les mardis aux cris de : « A bas l'armée » et d'ouvrir respectueusement ses rangs pour laisser passer les hordes venant devant la maison de Ruyssen, réconforter le professeur en hurlant « *l'Internationale* » (3).

(1) Pour s'être défendus contre les agressions de la police et des apaches, souteneurs de Ruyssen, deux jeunes gens MM. d'Elbée et Peronne ont été condamnés chacun à un mois de prison sans sursis.

(2) Nous ne parlons pas des derniers bas-fonds de Bordeaux, toujours prêts à se mettre au service de tous les désordres, qui formaient l'un des premiers rangs de défense du professeur. Cette attitude, indigne de M. Ruyssen, a reserré davantage l'unité des Etudiants, qui comprenaient sa portée anti-nationale et anti-française.

(3) Nous renvoyons pour plus de détail aux collections du *Nouvelliste de Bordeaux*, du 1ᵉʳ Février au 15 Mars ; de l'*Action Française* de la même période ; de *La Liberté du Sud-Ouest*, qui plus lente, ne s'occupe de Ruyssen que plus tard ; de la *Petite Gironde* (lire notamment un article du *26 Mars* ; *La France de Bordeaux*.) dont les rapports quoique odieusement tendancieux ne peuvent méconnaître la gravité des manifestations, ni voiler le souci politique que M. Ruyssen y introduisait en faisant appel aux brigades syndicalistes.

Voici la sanglante réparation offerte a l'Alsace-Lorraine par les Etudiants Bordelais auxquels se joignirent, dans un bel élan de patriotisme. la plupart des lycéens et collégiens ainsi qu'un grand nombre de patriotes.

La Défense de M. Ruyssen

M. Ruyssen s'abritait en Alsace derrière la force politique officielle pour parler aux opprimés. A Bordeaux, il faisait intervenir la politique Internationale ouvrière pour essayer d'étouffer brutalement la protestation patriotique des Etudiants. Cette attitude suffisait pour le condamner, quelles qu'aient été ses paroles et en Alsace et à l'Athénée de Bordeaux.

Mais M. Ruyssen a fait l'apologie de ses propres actes. Il s'est cru habile en la publiant. C'est la preuve écrite de sa duplicité qu'il nous donne. Il importe de la mettre au grand jour pour le châtiment de son auteur.

La tactique est d'abord fort simple, M. Ruyssen se fait victime pour apitoyer le public et il dit :

Depuis un mois j'ai traversé des épreuves dont je ne souhaite pas d'analogues aux pires de mes ennemis... j'ai vu mon enseignement public violé, j'ai vu apposer sur les murs de la ville des affiches ignominieuses, qu'avec un raffinement de délicatesse, on a eu soin d'accumuler dans mon quartier pour qu'elles s'étalent sous les yeux de mes enfants...

J'ai vu des mains se fermer, des fronts se rem-

brunir, des expressions inquiètes passer sur certaines physionomies ; j'ai senti certains silences
qui ont été plus sensibles que de franches réproba-
tions... Je me suis vu persécuter de la façon la
plus basse et la plus mesquine... On est venu
inquiéter jusqu'à mon foyer ; on est venu, au milieu de la nuit, frapper à ma porte des coups fu-
rieux, au risque d'affoler ma femme, mes enfants
et ma domestique. On est même descendu plus
bas..., on est venu uriner dans ma boîte aux lettres...! (*Exclamations, protestations*). Je reconnais
ici la marque de la maison ; oui, l'injure, la ca-
lomnie, le mensonge, la violence physique, la violence morale et l'ordure, voilà la camelote roya-
le (*Saloe d'applaudissements*). (1).

Ces lignes sont textuelles. Et nous y répon-
dons :

Les affiches dont parle M. Ruyssen ne con-
tenaient d'autre ignominie que les détails de
la conduite de M. Ruyssen la relatant avec
une navrante exactitude, et si ses enfants ont
pu s'en scandaliser, c'est à lui seul qu'il doit
s'en prendre.

M. Ruyssen n'a pas vu toutes les mains se
fermer. Le 8 Février, il bénéficiait d'un avan-
cement scandaleux *au choix*, passait de la 4me
à la 3me classe et de 6.000 à 8.000 frs. d'ap-

pointements (1). Et sans doute l'on ne peut avoir ensemble et la protection du ministre Steeg, prussien d'origine (2) et l'amitié des français de sang et de cœur. M. Ruyssen aurait dû s'en douter.

Enfin il est facile de nous reprocher les méfaits d'un mauvais plaisant. Quelles que soient les injures reçues par la boite de M. Ruyssen, et d'où qu'elles viennent, elles ne comptent guère devant celles infiniment plus graves, qu'il a lui même infligées au patriotisme, et, comme nous allons le voir, à la pure et simple vérité.

Car il fallait bien que M. Ruyssen répondit aux reproches qui soulevaient l'indignation des patriotes. Comment l'a-t-il fait ? On va en juger.

---

(1) Voir le *Bulletin Officiel de l'Intruction Publique* n° du 8 Fév.

(2) Revue de l'*Action Française*, n° du 15 Juin 1911.

La Verband fur Internationale Verstændigung

M. Ruyssen se rendait compte qu'il y avait honte à voir un Français pontifier à Strasbourg sous les auspices d'une société allemande pour laquelle il n'y a pas de question d'Alsace-Lorraine. Il n'avait qu'une ressource : nier. Il l'a fait :

On me dit : «.Vous êtes allé là-bas appelé par une société allemande ». Je réponds que c'est, plus exactement, par le groupe local alsacien d'une société allemande, sans doute, qui est elle-même la branche d'une société internationale (*La Conciliation internationale*).

...A Colmar et à Mulhouse, j'ai été appelé par des sociétés locales de la paix... (1). Mais on n'est pas

(1) Chose étrange, à Mulhouse la conférence Ruyssen fut d'abord annoncée par des circulaires la plaçant comme celle de Strasbourg, sous le patronage de *La Conciliation Internationale Allemande*, ou « *Verband fur Internationale Verstuendigung* ». Pourquoi l'*Express de Mulhouse* crut-il devoir ensuite (n° du 4 Février) démentir ce patronage, dire qu'il avait été annoncé par erreur, et assurer que M. Ruyssen venait sur l'appel d'une société locale « en formation » ?

à court de calomnies et l'on a dit, ou plutôt l'on a imprimé et apposé sur les murs de la ville, des affiches tricolores, disant que *La Conciliation Internationale* avait affirmé qu'il n'existait pas de question d'Alsace-Lorraine (1).

Personne n'a jamais dit cela de la *Conciliation Internationale*. On l'a dit seulement de la branche allemande de cette *Conciliation*, branche qui est parfaitement distincte au dire même de M. Ruyssen (2) et qui, allemande, a pour nom allemand : *Verband fur Internationale Verstændigung*. La tactique de M. Ruyssen est de dénationaliser le nom et les tendances de cette branche allemande et de répondre à « *Verband fur Internationale Verstændigung* », par : « *Conciliation Internationale* ». Il n'en est pas moins vrai que M. Ruyssen a été appelé en Alsace par une société allemande, de qualification allemande, et d'esprit allemand.

Nous avions dit que cette société avait dernièrement affirmé qu'il n'existait pas de question d'Alsace-Lorraine. Et M. Ruyssen a répondu :

(1) Op. cit. p. 7 et 8.

(2) Op. cit. p. 7. D'ailleurs cette branche distincte possède à un si haut degré le sens de sa nationalité que le Congrès pacifiste d'Heidelberg d'Octobre dernier était national et que les questions internationales y étaient traitées au point de vue purement allemand. (*Messager d'Alsace-Lorraine*, 19 Octobre 1912)·

Comme on est mal tombé ! Il se trouve précisément qu'au Congrès de Heidelberg, la question a été soulevée par un discours de M. d'Estournelles de Constans .

Et M. Ruyssen ajoute que ce discours a été traduit et édité par la *Conciliation Internationale Allemande*.

Eh ! qui dit le contraire ? Oui, la société allemande a fait à M. d'Estournelles la politesse d'imprimer son discours. Mais M. Ruyssen ne nous dit pas, bien qu'il le sache, que ce discours fut suivi, dès le lendemain, au Congrès d'Heidelberg, d'une protestation du professeur Lamprecht, de Leipzig et de la note suivante :

a Pour prévenir tout malentendu, le Comité de l'Association Allemande pose comme principe qu'il n'y a pas de question d'Alsace-Lorraine au point de vue international, et qu'une pareille affirmation n'est pas sortie du sein de l'Association » (2).

Cet incident date du mois d'Octobre dernier. M. Ruyssen aurait la mémoire bien courte, s'il ne s'en souvenait pas. Mais il s'en souvient, car il fait allusion à une certaine déclaration qu' « une presse nationaliste », au lendemain du discours de M. d'Estournelles de Constans,

(1) Op. cit. p. 9.
(2) Messager d'Alsace-Lorraine, 19 Oct. 1912.

aurait méchamment dénaturé. Nous ne voyons pas comment on pourrait dénaturer un texte aussi clair — à moins qu'on n'évite de le citer — à la façon de M. Ruyssen.

Le Messager d'Alsace-Lorraine, qui fait sans doute aussi partie de la presse nationaliste, honnie par M. Ruyssen, le donne dans son nº du 15 Oct. 1912 et y ajoute quelques commentaires peu flatteurs pour les *« pacifards »*.

Le Messager d'Alsace-Lorraine semblait assez qualifié pour se prononcer sur la question. Mais étant imprimé en France, aurait-il trop son franc parler au gré de M. Ruyssen, et celui-ci repousserait-il, a priori, tout journal qui ne s'imprimerait pas en Alsace c'est-à-dire, hélas, sous le regard inquisiteur des autorités allemandes ?

D'ailleurs, ce que M. Ruyssen tente de nier quand on l'attribue à la *Verband fur Internationale Verstændigung*, il s'en est rendu personnellement coupable dans cet appel du *Comité d'entente franco-allemand* qu'il a signé et dont s'est scandalisé M. Aulard lui-même. (1)

On y lit en effet :

-----

(1) Voir son article dans l'*Action* du 29 Février 1912.

« Quelles que soient les divergences qui aient séparé les deux nations dans le passé et qui puissent les diviser encore à l'avenir, elles sont réunies par trop d'intérêts intellectuels, moraux et économiques pour qu'il ne soit pas possible, désirable, nécessaire même, de maintenir entre elles une entente loyale à l'abri de toute surprise ».

« Divergences » voilà à quoi, dans la pensée de M. Ruyssen, se réduit la question d'Alsace-Lorraine. Pas un mot, pas même une allusion claire à ce fait, que les Alsaciens-Lorrains ont été malgré la France, malgré eux, incorporés à l'Allemagne. Or, « c'est tout le problème » remarque M. Aulard. Et il ajoute :

« Je vois bien ce que l'Allemagne gagne à cet oubli du grand grief, mais je ne vois pas du tout ce que la France y gagne ».

M. Ruyssen y a, en tout cas, gagné 2.000 francs par an. Cela lui suffit.

L'Accueil de la Presse Alsacienne

Nous avions dit : « M. Ruyssen était prôné par la *Strassburger-Post* pangermaniste » et M. Ruyssen a répondu :

« Mes conférences ont été annoncées par la pres-

se alsacienne comme une chose naturelle, normale, désirable, et par quelle presse ? Est-ce seulement *La Post* de Strasbourg l'organe pangermaniste ? Non ! C'est aussi par tous les journaux
d'Alsace, de langue française, comme *Le Journal
d'Alsace, L'Express de Mulhouse,* etc. (1)

Voilà un *et cœtera* qui vient à propos ! Tous
les journaux d'Alsace-Lorraine ? M. Ruyssen
sait bien que cela n'est pas vrai, et le journal
de l'abbé Wetterlé, pour ne citer que celui-là,
Le Nouvelliste d'Alsace-Lorraine, n'a-t-il pas
parlé de la conférence Ruyssen avec ironie et
mépris, son rédacteur n'ayant même pas voulu
l'entendre jusqu'au bout ?

Les journaux qui souhaitaient la bienvenue
à M. Ruyssen se réduisent à trois et parmi
lesquels, *La Strassburger Post.*

La Strassburger Post est célèbre. Ses exci-
tations perpétuelles ont envenimé les persécutions en Alsace et provoqué des manifestations
d'étudiants en France et à Bordeaux même, il
y a deux ans.

Son approbation était donc déjà significative.
A côté d'elle, M, Ruyssen se réclame du *Journal d'Alsace-Lorraine,* il en brandit triompha-
lement des extraits.

(1) Op. cit. p. 32. A noter que l'*Express de Mulhouse* est
journal de rédaction Suisse.

Or, on lit dans *Le Journal d'Alsace-Lorraine*
les lignes suivantes (1).

Nous avons appris que nombre de nos conci
toyens qui étaient allés à cette conférence *sans
grand entrain*, y ayant vu *tout au moins* une ten-
tative *inopportune*, en étaient revenus parfaitement
subjugués, comme nous-mêmes, par les fortes et
nobles paroles de M. Ruyssen... *Le préjugé qui a
pu s'établir* au sujet de *l'opportunité de ses paroles*
se dissipera à la lumière même de leur beauté.

Voilà donc, au fond, comment la conférence
Ruyssen apparaissait « naturelle, normale, désirable ! ». On y allait « sans entrain », on la
la trouvait « inopportune », il y avait « préjugé ».

Peut-être ceux qui avaient réussi à vain-
cre ce préjugé, se laissèrent-ils prendre aux
paroles très éloquentes de M. Ruyssen. Mais
combien étaient-ils ? Trois cents !

« Plus de trois cents, à peu près tous Alsaciens », a dit M. Ruyssen (2). Cela est peu dans
une salle comme celle de l'Aubette qui con-
tient plus de 2.000 personnes.

Il faut songer que les autres, tous ceux qui
n'avaient pu se décider à venir entendre M.
Ruyssen, et qui avaient préféré garder leur

(1) N° du 5 Févr.
(2) Lettre au *Nouvelliste*, 15 Févr.

« préjugé ». Et c'est là précisément une grande partie du mal moral pour lequel nous avons voulu réparation.

Le Professeur Piloty

Nous avions dit : « M. Ruyssen parlait aux côtés du professeur allemand Piloty », et M. Ruyssen n'a pas répondu.

Le président de la réunion de Strasbourg était un immigré : M. Curtius, président du Consistoire de l'Église Réformée. Avec M. Ruyssen (il l'a dit lui-même dans une lettre à *La Libre Parole* du 30 Janvier) devait parler le professeur allemand Piloty, de Wurtzbourg, « un des esprits les plus libéraux, les plus généreux de l'Europe moderne ». Ce Piloty a-t-il quelques prétentions à l'humour ? Il parla du moins avec une telle fantaisie, qu'on serait tenté de ne voir dans ses paroles qu'un jeu.

« Le professeur Piloty (1), bel homme au profil

(1) *Journal d'Alsace-Lorraine*, n° du 4 Févr. 1913.

énergique, parla longuement de la situation européenne et donna libre cours à ses théories sur l'Europe centrale *c'est-à-dire* l'Angleterre, la France et l'Allemagne.

« Il est nécessaire que ces trois puissances se solidarisent et s'entendent pour que la paix universelle puisse se faire. Ce principe (?) posé, le professeur Piloty passa aux preuves. Malgré toutes les guerres du passé, ces trois puissances ont toujours été les champions de la civilisation européenne, pour l'extension de laquelle elles n'ont cessé de travailler. C'est dans ce sens de la volonté d'étendre notre *civilisation du Centre de l'Europe* que *doivent être interprétées* les conquêtes anglaises dans les cinq parties du monde. (*Admirons là haute fantaisie de cette « interprétation »*). Ce que l'Angleterre a fait par le passé, toute seule, les trois puissances ci-dessus *doivent* le faire à l'avenir, et, dans ce but, elles *doivent* s'unir dans un effort commun ».

Et cependant ceci est dit avec le plus grand sérieux, et M. Ruyssen écoute, et il applaudit. M. Ruyssen ne sait pas que l'Europe centrale c'est l'Allemagne, que la France et l'Angleterre sont à l'Ouest et au Nord-Ouest de cette Europe ; il ne sait pas que la civilisation du centre de l'Europe, c'est la civilisation germanique, autonome et menaçante depuis quarante ans ; il ne sait pas que le rôle historique de la France est précisément de s'opposer à l'envahissement des barbares et de défendre les nations latines. Sous toutes ses formes, le problème européen s'est toujours ramené à cette question de l'antagonisme germain et latin.

Comment M. le professeur Ruyssen ne sait-il pas cela ? Pourquoi M. le professeur Piloty l'ignore-t-il ? C'est que pour eux, l'initiatrice de la civilisation moderne est l'Allemagne, comme l'initiateur intellectuel des temps nouveaux « c'est un allemand, c'est Kant » (1), d'après M. Ruyssen, qui a développé ce thème avec complaisance dans sa conférence de Strasbourg.

Sous leurs périphrases, les deux orateurs ne pouvaient donc pas concourir plus clairement à exalter la civilisation et l'esprit germaniques, — a moins qu'ils n'eussent plus spécialement en vue une propagande protestante (2) qu'en effet

(1) *Journal de l'Alsace-Lorraine*, 5 Février. Discours de M. Ruyssen.

(2) La couleur protestante de cette affaire, assez peu visible au début n'est pourtant pas négligeable.

La conférence de M. Ruyssen, protestant, est présidée à Strasbourg par *le Président du Consistoire de l'Eglise réformée*.

Le Journal d'Alsace-Lorraine qui le soutient (1) est un *journal protestant* que son hostilité au catholicisme a déjà tourné contre l'abbé Delsor, alsacien pourtant, en butte aux tracasseries des autorités allemandes.

En France, M. Ruyssen trouve des appuis auprès de son ministre

l'Angleterre a été, jusqu'à présent, à peu près seule à étendre dans les cinq parties du monde.

Mais germanique ou luthérienne, cette civilisation à la Piloty-Ruyssen n'est pas une civilisation française. Soyez convaincu que le pince-sans-rire Piloty s'en doute bien.

L'opportunité des Conférences en Alsace

Nous avions dit : « Il est parfaitement odieux de parler de pacifisme en Alsace, au moment où l'Allemagne augmente ses armements contre la France d'une façon formidable ».
M. Ruyssen a répondu :

Steeg, *protestant* ; à l'Amicale des Professeurs du Lycée, sa défense est prise spécialement, mais sans succès, par un professeur M. M..., protestant. Enfin la chapelle protestante était fort agitée aumomentde l'affaire Ruyssen. L'on a vu deux jeunes gens MM. Kr... d'origine allemande et protestants de la chapelle de la rue D... mener un essai de contre manifestation pour Ruyssen. La série de curieuses coïncidences a voulu que les deux membres de l'Action Fran-

« On oublie simplement ce petit fait : c'est que mes conférences d'Alsace, promises depuis Octobre, ont eu lieu les 1", 3 et 4 Février, et que la question des grands armements a été posée pour la première fois en Allemagne... par l'Empereur Guillaume, le 6 Févier et ensuite le 13 Février. Que voulez vous ? Je ne suis pas sorcier ; je ne pouvais prévoir les desseins du gouvernement (1).

M. Ruyssen n'avait jamais entendu parler de *l'épée aiguisée*, de la *poudre sèche*, ou de l'*armure éclatante* de l'Empire Allemand. Les menaces perpétuelles de l'Empereur pour la paix de l'Europe, sont une nouveauté pour lui et il nese doutait pas que par la seule pression de la supériorité militaire qu'elle s'attribue, l'Allemagne nous a ravi, il n'y a pas deux ans, une colonie sans coup férir ?

Mais il sent si bien qu'il n'a convaincu personne, qu'à cette excuse ridiculement invraisemblable (et néanmoins applaudie pas l'accommodant public qu'il avait convoqué) il en

çaises arrêtée dans les manifestations contre Ruyssen aient passé en correctionnelle après réquisitoire d'un *substitut protestant* et devant trois juges, dont *deux protestants*, dont le président. Résultat pour les adversaires de Ruyssen : 1 mois de prison sans sursis. Aucun des apaches, ses amis, n'a été inquiété.

(1) Op. cit. p. 15.

fait succéder, immédiatement après, une autre qui la contredit (et qu'on applaudit de même).

Après avoir dit : « Je ne pouvais pas prévoir les desseins du gouvernement allemand », il ajoute :

« Si j'avais prévu cela, j'aurais quand même tenu mes promesses. (*Très bien, nouveaux applaudissements*). Ce n'est pas parce que je vois deux grands peuples saisis par une sorte de frénésie collective de violences nouvelles, que j'aurais renoncé à l'espoir, sans doute bien fragile, d'aller porter là ou j'étais attendu, une parole d'espoir et d'apaisement (1).

Pourquoi cette contradiction ? Ou l'objection d'inopportunité est valable ou elle ne l'est pas. Si elle ne l'est pas, pourquoi M. Ruyssen s'en disculpe-t-il ? Et si elle l'est, pourquoi cette vaine bravade ? Au fond, de telles paroles découvrent un aspect de la belle âme pacifiste de M. Ruyssen. L'Allemagne multiplie ses provocations, la France est obligée de prendre des mesures défensives, et M. Ruyssen appelle cela une frénésie collective. Le « bon citoyen européen » qu'il se vante d'être (2) se refuse à faire une différence entre les deux pays, entre les deux attitudes, entre

(1) Op. cit. p. 15.
(2) Op. cit. p. 12.

les deux traditions. Il aura beau dire ensuite qu'il est prêt à la guerre, qu'il regrette la dissolution du Souvenir Alsacien et que ses quatre garçons, « s'il le faut, feront le service de trois ans » (1) (il ne manquerait plus qu'il leur donnât le conseil de déserter), on sait où va son cœur, où vont ses désirs. Il faudrait que la France ne se défendît point, car M. Ruyssen, les yeux fixés sur l'avenir et, sans souci du présent comme sans connaissance du passé, n'admet qu'un « ordre moral et juridique » pour tout arranger sans violence et suivant ses vues (2).

— Mais cet ordre n'existe pas !

— Tant pis ! Tout plutôt que la force. La force fait horreur à M. Ruyssen, sauf lorsqu'il s'agit de sa pacifiste personne. Alors, il sait la dissimuler derrière un solide écran de force armée convoquée à cet effet. Pour lui épargner les quelques huées qu'il mérite, il n'est pas trop, en cette occasion, de toute la police de Bordeaux, et les charges de la garde à cheval sur des passants inoffensifs ne lui paraissent pas du tout « de la frénésie collective ». Mais s'il s'agit de la France menacée : Halte-là ! Bas les armes ! C'est vous Français, qui com-

(1) Op. cit. p. 26.
(2) Op. cit. p. 25.

promettez la paix ! C'est vous surtout, adversaires de Ruyssen, qui servez « les visées du pangermanisme » (1), qui provoquez l'Allemagne et causez les persécutions contre l'Alsace-Lorraine.

Le loup de la fable ne parle pas autrement. C'est lui la victime, l'agresseur c'est l'agneau.

M. Ruyssen, professeur de pacifisme en Alsace-Lorraine

A côté du dommage moral immense, causé par l'acte du professeur Ruyssen en Alsace, cet acte lui-même, dans son esprit, apparaît comme une violation profonde des données positives du problème Alsacien-Lorrain.

Presque en même temps que M. Ruyssen, à Strasbourg, un autre universitaire français bien connu à Bordeaux, M. Camille Jullian, venait parler de *Ce que l'Alsace doit à la*

(1) Op. cit. p. 33.

Gaule. M. Ruyssen aurait dû se reporter à cette œuvre, qui d'ailleurs a été imprimée à Strasbourg. (*Revue Alsacienne illustrée*. Janvier).

Il n'y aurait pas trouvé de rêvasseries en jargon humanitaire, mais bien des raisons et des faits. Il y aurait appris de quel côté l'Alsace a reçu sa civilisation, ses traditions, si c'est du « centre de l'Europe » ou de l'Ouest qu'elle la tient.

L'Alsace-Lorraine est une fille latine de l'Europe ; son histoire, sa littérature, son art, et ce que M. Jacques Preiss (1) appelait *l'incompatibilité d'humeur irréductible avec le vainqueur*, dans sa conférence du 17 Février 1913 à la Salle de Géographie de Paris, enfin son attitude ferme, mais irréductible, en sont les preuves.

Sans doute l'Alsace-Lorraine s'est mêlée aux affaires, aux intérêts de l'Allemagne. c'était pour elle une nécessité vitale. Comme le disait déjà le député Kablé, en 1878, lorsqu'il fût élu au Reichstag :

« Pour le parti de la protestation, l'obstination dans l'abstention équivaudrait au suicide ».

(1) M. J. Preiss, ancien député d'Alsace-Lorraine au Reichstag. Sa conférence est éditée à l'*Alsacien-Lorrain* de Paris, supplément au numéro du 2 Mars 1913.

Mais alors, comme encore aujourd'hui, le devoir apparaissait précis et net à tous les Alsaciens-Lorrains :

« Gardons notre précieuse culture française comme un dépôt sacré ! Sans crainte et sans haine, maintenons affirmons les droits de notre peuple envers et contre tous et attendons dans la paix et le calme relatifs que nous laisse notre régime d'exception. Pour nous aussi, le jour viendra où les vœux de notre pays seront entendus, comme il est venu pour Nice, pour la Savoie, pour l'Albanie » (1).

Malgré cette volonté ferme et résolue, l'Allemagne n'a pas désarmé à l'égard de l'Alsace et le régime des vexations policières n'a guère cessé depuis l'annexion. Actuellement l'abbé Wetterlé et le célèbre peintre Hansi, sont soumis à des poursuites judiciaires. L'Allemagne, elle, veut garder à soi la terre d'Empire (Reischland) et l'on comprend avec quelle joie les « germes de paix » accueillent M. Ruyssen, lorsque celui ci vient prêcher une détente générale qui leur permettra à eux membres de la « *Verband fur Internationale Verstandigung*», de proclamer plus haut et définitivement que tout est réglé et qu'il n'y a pas de question d'Alsace-Lorraine. C'est cela que

(1) Conférence Preiss.

soutient M. Ruyssen, sciemment ou inconsciemment.

Car il y a deux pacifismes : celui du vainqueur et celui du vaincu. En Alsace c'est le
second dont M. Ruyssen se fait l'apôtre, puis-
qu'il faut le lui dire en termes crus. Comment n'a-t-il pas compris qu'il prépare par sa
sottise toutes les défaites morales et politiques?

Il est tout naturel que les Congrès pacifistes
de Hambourg (1897) et de Munich (1906) aient
grand succès (1). Les visées du pacifisme allemand sont suffisament élucidées par les thèses
du professeur Piloty pour que nous compre-
nions qu'elles fassent vibrer l'Allemagne.

Et nous comprenons aussi que M. Ruyssen
apportant son concours de professeur français
aux efforts du professeur allemand, ait grande-
ment mérité le *satisfecit* de la *Strassburger
Post.* Ce journal, qui proposait naguère d'assas-
siner les aviateurs français poussés en Alsace-
Lorraine, se félicite maintenant de ce que « le
cas Ruyssen » y ait démontré la victoire « de
la raison et de la culture de l'humanité *même
en France* » sur « la folie du nationalisme ». (2)

(1) M. Ruyssen a fait de cet enthousiasme une pierre de touche
de la bonne volonté pacifiste de l'Allemagne. (Op. cit. p. 29).

(2) Numéro du 4 Février.

Si M. Ruyssen ne se trouve pas compromis par la phrase de l'organe pangermaniste, navrante pour e nationalisme alsacien, mais triomphante pour le nationalisme allemand — et que M. Ruyssen lui-même déclare insignifiante — tant pis pour lui (1).

Du moins qu'il ne s'avise plus de nous citer quelque journal alsacien pour sa défense. Il prouverait seulement son œuvre de désunion en Alsace comme en France, au profit de l'Allemague. Mais en France, nous sommes encore à peu près chez nous, nous pouvons nous risquer à une protestation. En Alsace, les Alsaciens, étrangers dans leur propre pays, surveillés et baillonnés, ne peuvent pousser un cri suspect d'être français, sans s'exposer aux plus brutales sévérités. M. Ruyssen a profité de cette circonstance pour se prétendre approuvé d'eux. C'est une infamie de plus de sa part.

Ce serait la plus haïssable, s'il n'avait fait

(1) Pendant l'impression de cette brochure, la presse reçoit les dépêches suivantes :

Paris, 29 mars. — Le conseil fédéral s'est réuni hier. Il a adopté les nouveaux projets militaires. Ceux-ci donneront à l'Allemagne près de 900.000 hommes au total et 27.000 chevaux d'augmentation, ce qui favorisera les chances d'une attaque brusque.

Cet accroissement formidable d'unités exigera une dépense supplementaire de 898 millions de marcks, soit 1 milliard 122 millions.

Tous les détails relatifs aux nouveaux projets sont fournis dans

pis encore. Cet homme qui parle de conscience, d'honnneur et de dignité est allé jusqu'à
tronquer un texte de l'abbé Wetterlé, sachant
que celui-ci ne protesterait pas, pour lui faire
dire le contraire de ce qu'il avait dit en réalité.

Il cite (1) un passage de la conférence « *le sen-
timent populaire en Alsace Lorraine* » que
l'abbé Wetterlé a donné à Evreux, au Havre, à
Rouen et à Tours en janvier 1913 :

« Je disais tout à l'heure qu'à la question: l'Alsace-Lorraine est-elle française ? il fallait répondre :
elle n'est pas encore allemande. Pour nous qui
vivons de la vie d'un peuple annexé, il y a là une
distinction qui s'impose. Comment voulez-vous,
par exemple, que les jeunes générations qui ont

une édition spéciale de l'organe du gouvernement « La Gazette de
l'Allemagne du Nord ».

Et parmi les commentaires de la presse allemande on lit ceci :

« La Post » de Strasbourg espère bien que le Reichstag, loin de
marchander les mesures militaires demandées, saura au contraire,
de lui-même, apporter quelques compléments qui paraissent indis-
pensables à l'organe pangermaniste. — *(Petite Gironde, 30 mars
1913).*

Nous demandons à M. Royssen, pourquoi « La Post » ne s'insur
ge pas aujourd'hui contre la défaite de « la Raison et de l'Humanité », devant la folie du nationalisme représenté par cet accroisse
ment de force offensive militaire ? Bien plus, cette même « Post »
trouve ses mesures insuffisantes. Les quatre lignes que M. Royssen
trouvait insignifiantes sont bien significatives de la portée de ses
conférences en Alsace-Lorraine et des services qu'il rendait à l'Allemagne.

(1) Op. cit. p. 22.

passé par l'école allemande, par la caserne allemande, qui ne savent rien de la France que ce que leurs ancêtres leur ont raconté, aient pour l'ancienne patrie le même attachement que leurs devanciers ».

M. Ruysson arrête là sa citation et pousse même le pharisaïsme jusqu'à indiquer la page de la brochure où elle se trouve, pensant qu'on n'ira pas la faire venir de Colmar (1), où elle est éditée, pour vérifier et compléter. Mais lisez la suite :

« Et pourtant dans ces milieux, on trouve non pas pour le germanisme en lui-même, mais pour le germanisme hautain, envahissant, persécuteur, tel qu'il se présente trop souvent chez nous, des préventions encore plus fortes que les 'nôtres, à nous qui avons encore connu les déchirements de la séparation. Le phénomène serait déconcertant si on ne se rappelait pas sans cesse qu'il y a opposition complète de caractères entre les deux populations qui habitent côte à côte dans nos provinces, sans se compénétrer, sans se comprendre »,

Pour mieux souligner encore la honteuse manœuvre de M. Ruyssen, nous n'avons qu'à citer la dernière phrase, la conclusion de M. l'abbé Wetterlé, après qu'il a dit la lutte de ses

(1) Elle est éditée par l'Imprimerie J. B. Gung.

compatriotes pour conserver leurs traditions et leur esprit :

« Notre cause est bonne, elle triomphera, à moins que... la lutte ne devienne inutile par suite d'évènements tragiques, que personne ne prévoit et que nous serions criminellement égoïstes de souhaiter ».

Et lorsque un Alsacien-Lorrain, résidant en France, se présente, comme l'a fait M. Hector à la réunion du 22 Février organisée par l'Action Française, pour crier, parce qu'il en est libre parmi nous, sa foi française, et son indignation, lorsqu'il vient poser sous sa vraie couleur la question d'Alsace, M. Ruyssen récuse ce témoin avec ironie, peut être, parce que, comme le journal l'*Alsacien-Lorrain* de Paris, ou le *Messager d'Alsace-Lorraine* il a trop de son franc-parler.

Et maintenant est-il utile de discuter par le menu toutes les autres assertions sophistiques de M. Ruyssen ?

M. Ruyssen ne peut établir sa défense, malgré de fausses habiletés de rheteur. Le reste, injures, questions politiques sournoisement soulevées, jeux d'un esprit expert en tromperies, nous le laisserons de côté (1).

Mais il resterait à M. Ruyssen de s'abriter sous le voile de la philosophie, comme il a d'ailleurs essayé de le faire au premier moment : « Je parle en simple philosophe, sur les facteurs spirituels du rapprochement international». (2)

(1) Le pacifiste Ruyssen n'a pas souvent la moindre idée de ce dont il, parle. Citons seulement sa prétention d'une part, de réagir contre tous les « nationalismes », d'autre part, de « réaliser l'Europe nouvelle, où toutes les nationalités opprimées pourront enfin voir lever l'aurore de la délivrance ». (Op. cit. p. 27).

Si M. Ruyssen avait jamais réfléchi au nationalisme et savait ce que c'est, il aurait compris que ces deux prétentions sont à l'inverse l'une de l'autre. Le nationalisme (qui est autre chose que le patriotisme) c'est l'effort d'une nationalité opprimée pour s'affranchir. Il y a nationalisme en Alsace-Lorraine, parce qu'elle ne s'appartient pas. Il y a un nationalisme français, parce que la France est dominée par des forces anti-françaises à l'intérieur (M. Ruyssen en est une). Et il est significatif qu'en France le mot nationalisme ne soit venu que longtemps après le mot internationalisme, lorsque des Français ont senti qu'ils n'étaient pas chez eux en France. En Allemagne il n'y a pas nationalisme. Il n'y a que pangermanisme, tandisqu'il n'y a jamais été question de pangallisme en France.

On ne peut donc délivrer une nationalité opprimée, sans donner satisfaction à son nationalisme, et il n'y a pas nationalisme sans nationalité opprimée. Combattre le nationalisme, c'est combattre la nation elle-même, c'est ajouter à l'oppression. C'est ce qu'a fait M. Ruyssen.

(2) Lettre à la *Libre Parole* du 30 janvier.

Il serait trop facile pour se dispenser de bon sens, de patriotisme et de cœur, d'invoquer la philosophie. Pour M. Ruyssen elle semble consister à raisonner sur les données abstraites de son esprit, quelles qu'elles soient, sans se rendre compte dans la vie des réalités qui les contredisent (1), et à bâtir son existence sur des principes a priori, chimériques, sans souci des droits qu'ils lèsent et des cœurs qu'ils brisent. Ce genre de bassesse intellectuelle et morale, méprisable toujours parce qu'il est vain, criminel souvent, devient tout à fait intolérable chez un éducateur qu'on suppose préparer des intelligences à l'effort de vie qui leur est nécessaire pour maintenir dans toutes les branches de l'activité française, l'énergie de la race et sa force morale.

Heureusement, la jeunesse ne se laisse pas

(1) Ce ne sont point là de vaines paroles ; M. Ruyssen très logique peut-être avec sa conscience de Président de la Ligue de la Paix par le Droit, va en Alsace sans se rendre compte de l'acte déplorable qu'il accomplit. De retour en France, il veut prononcer sa défense et balbutie de vagues déclarations de patriotisme (patriotisme mieux compris... ami véritable de l'Alsace...) pendant que les amis qu'il appelle à son secours et « dont il sent le cœur battre à l'unisson du sien » (op. cit. p. 1), chantent l'Internationale, promettent leurs premières balles aux généraux français, le raccompagnent jusqu'à son domicile en criant : « A bas l'armée ! A bas la patrie ! ». Bien plus, M. Ruyssen remercie ses étranges défenseurs de sa fenêtre et se place sous leur protection !

inoculer sans résistance cette maladie de la volonté française. L'on songe à ce que fit, ces dernières années, la jeunesse Alsacienne trompée sous la férule du maître d'école prussien.

« Le Jeune Alsacien de la nouvelle génération comprit que la prétendue supériorité du génie allemand, dont on lui avait rabattu les oreilles, n'était qu'un leurre... Il comprit et finit par ressentir lui-même la cruelle violence faite aux sentiments, à la volonté, à la conscience de ses aînés par l'annexion de leur pays natal contre leur gré et malgré leur protestation. Ce pays était aussi le sien.. Et il jura non seulement de continuer la lutte contre l'oppression commencée par les anciens, mais de la mener avec plus de vigueur ». (1)

C'est ce que fait la jeunesse française contre les dissolvants d'énergie du type Ruyssen. Nous sommes tous unis. Nous étions tous ensemble dans la rue lorsqu'il fallait se battre contre les bandes internationalistes de Ruyssen. Nous étions tous ensemble le 9 Mars, à Paris devant la statue de Strasbourg (2), étudiants royalistes, républicains ou plébiscitai-

(1) Conférence de Jacques Preiss.
(2) En tête de la manifestation marchait une délégation de six Etudiants Bordelais porteurs d'une couronne.

res, et on lisait sur l'affiche qui couvrait les murs du quartier Latin, les jours précédents, ceci :

« A l'heure ou un professeur de notre Université ose aller prêcher le pacifisme à ceux qui furent la rançon de la défaite, (nous) désavouons les apô tres du renoncement et montrons aux Alsaciens-Lorrains que la Jeunesse Française ne cesse pas d'espérer la victoire libératrice. » (1)

M. Ruyssen qui a donné le signal, par la réunion de l'Athénée du 28 Février, du mouvement internationaliste qui tente de paralyser la France devant l'Allemagne (2), a donné aussi le signal de la défense nationaliste.

En Alsace, M. Ruyssen pouvait sans crainte, protégé par l'autorité allemande, faire la leçon pacifiste aux annexés (3).

(1) Cette déclaration a été reproduite notamment par « L'Alsacien-Lorrain » de Paris, dans son numéro du 9 Mars.

(2) L'attitude qu'ont pris certains groupes politiques devant les menaces de l'Allemagne, servent évidemment les chancelleries de l'Empire. D'où le titre de cette brochure, en souvenir aussi d'un ouvrage célèbre d'un des maîtres du nationalisme.

(3) M. Ruyssen a reproché aux étudiants qui le sifflaient, d'attendre « les bras croisés je ne sais quelles oscillations de la roue de la Fortune ». S'il était un reproche que l'on ne peut pas adresser à la jeunesse française, c'est précisément celui-là. M. Ruyssen l'a fait précisément lorsque les jeunes gens s'engageaient en masse pour trois années de service militaire. Ils sont ceux qui attendent

A Bordeaux il a rencontré des Français in-
dépendants, capables d'opposer la Force à la
Force et de la mettre au service du Droit (2).
Nous avons appris qu'il ne s'agissait pas de s'en
aller par les plaines ensanglantées que l'on a
perdues en criant : « Paix, Paix », mais qu'il
fallait utiliser son énergie et sa force à devenir
capables de les reprendre. Nous avons appris
que les reculades pacifistes se chiffraient par
des défaites et de sanglantes hécatombes d'hom-

les bras croisés ! Espérons que M. Ruyssen a compris depuis comment les « bras croisés » savent se détendre lorsqu'il s'agit d'un
défi d'honneur national à relever.

(2) « Déclamer contre la guerre en général, la maudire en phrases
abstraites, l'exorciser par des invectives furieuses mais vagues, c'est
de l'enfantillage tout pur ! Excellentes intentions, belles manifestations, résultat nul. Les chances de guerre, les probabilités de conflit n'en sont point diminuées. Elles croissent continuellement.

L'Internationale ouvrière perd son temps si elle se borne à s'éle-
ver contre la guerre en général. Son pieux souhait de paix, traduit
en menaces terrifiantes ou en adjurations pathétiques, ne change
rien à la situation politique qui va s'aggravant.

C'est autre chose qu'il faut ».

Qu'est ceci ? Les premiers paragraphes de l'article où M. Sembat
dans la *Revue de l'Enseignement Primaire* (23 Mars) traite la
Question du Jour, savoir : la question de l'Alsace-Lorraine, de la
guerre et de la paix, du militarisme et du pacifisme.

Et si les chances de guerre, les probabilités de conflit croissent
devant un pays affaibli par des discussions et des rêvasseries, il est
évident que plus la proie se montrera facile devant l'ennemi, plus
celui-ci aura de désir de s'en emparer. Le pacifisme est une aggra-
vation du péril de guerre.

mes et de provinces (1). C'est à la veille de la guerre de 1870, en 1867 et en 1869 que les « pacifards » annihilèrent l'effet des projets militaires du maréchal Niel, avec les mêmes paroles et les mêmes raisons qu'ils nous proposent aujourd'hui (1).

Nous avons appris, au contraire, que les nations constantes et tenaces dans la direction de leur effort, réalisent leur plus grand épanouissement. Nous avons vu l'Allemagne, nous avons vu le Japon, nous voyons la Bulgarie. Nous avons appris à devenir nationalistes intégraux c'est-à-dire à placer avant toute chose l'épanouissement complet de la nation Française : perfection intellectuelle par la suprématie de ses savants et de ses artistes, perfection physique par la ténacité de l'effort diplo-

(1) Reproduisant à l'*Echo de Paris*, deux lettres du général Ducrot qui, de Strasbourg en 1866 et 1869, jetait l'alarme, le général Maitrot écrit (29 Mars) :

« Je défie un Français d'aujourd'hui de les parcourir sans faire un rapprochement entre la situation telle qu'elle était en 1869 et celle de ce moment ».

Sur la même situation, M. Jules Delafosse fait au *Gaulois* cette remarque :

« Il ne suffit pas de rappeler, comme l'ont déjà fait la plupart des journaux, la résistance opposée par des députés de l'opposition, en 1867, aux projets militaires du maréchal Niel. Il faut reproduire leur langage pour percer à jour l'abominable tactique de ceux qui recommencent aujourd'hui ».

matique vers la limite naturelle des frontières, perfection politique c'est-à-dire établissement d'un système de gouvernement qui, en France, permette, développe et dirige cet essor Français.

Nous savons que toute défaillance à cet égard est un germe de mort dans la nation, que M. Ruyssen le sache bien, nous ne voulons pas mourir.

Appendice

Nous publions en Appendice une lettre reçue par M. Raoul Saint-Marc, conseiller municipal de Bordeaux. Elle montre l'état de l'Alsace sous un autre jour que les textes présentés par M. Ruyssen. Nous regrettons de ne pouvoir imprimer le nom de son auteur. Une indiscrétion pourrait en Alsace lui attirer les représailles gouvernementales. D'ailleurs M. Ruyssen n'a cité aucun nom (sauf dans la protestation dont il est parlé plus loin) et nous ne sommes donc pas en état d'infériorité à son égard.

Colmar.

Mon cher ami,

Comme vous, c'est par le bruit provoqué à Bordeaux que nous avons appris M. Ruyssen avait fait des conférences eu Alsace. Cela vous expliquera pourquoi personne ne vous en a parlé ici. Elles sont passées complètement inaperçues (1).

Il arrive de temps en temps que des gens viennent ici pour parler d'un sujet ou d'un autre qui ne nous intéressent pas ou pour lesquels l'orateur jouit d'une incompétence mani-

(1) L'acte de M. Ruyssen apparaît donc comme une véritable provocation et c'est une charge de plus contre son auteur.

feste. Sauf les deux ou trois personnes qui l'ont appelé, personne n'en prend note. C'est ce qui est arrivé à M. Ruyssen.

D'abord la *Conciliation Internationale* est absolument inconnue dans le pays. Que fait-elle ailleurs ? Je l'ignore. En tout cas sa branche alsacienne, très alsacienne est absolument ignorée, non seulement par moi mais par mes amis. Peut être sommes nous moins au courant des choses d'Alsace que M. Ruyssen.

M. Ruyssen invoque une lettre signée de quatre Alsaciens, MM. Becker, licencié en droit et Grumwald, rentier, sont absolument inconnus. M. Streissgutt est connu comme marchand d'instruments de chirurgie et d'orthopédie (1) mais au point de vue de la vie publique c'est zéro. M. R. Redslob, privat dozent à la Faculté de droit de l'Université de Strasbourg est un jeune homme d'une trentaine d'années, descendant de générations de pasteurs et de directeurs de gymnases protestants. Au point de vue politique il est le gendre du *Kommezierrat* André Kiener (2) de Colmar, dont nous avons causé.

Quant aux journaux que M. Ruyssen invo-

(1) Il est fournisseur de l'armée allemande.
(2) M. Kiener est un des rares alsaciens ralliés à l'Allemagne.

que, l'*Express* est un journal suisse, il ne faut pas s'y méprendre. Il n'a rien d'Alsacien et ses rédacteurs et imprimeurs sont obligés de bien se tenir pour ne pas être expulsés. Pour le *Journal d'Alsace-Lorraine*, M. Ruyssen ne doit pas avoir bien saisi les nuances ou bien L. Boll, le rédacteur en chef, aura voulu un peu pallier l'effet d'un article qui lui avait valu de violentes attaques de la part des journaux allemands. Il avait dit que, quelle que soit l'issue d'une guerre, l'Alsace ne pouvait qu'en profiter. Cet article publié sous la signature du rédacteur en chef ne me paraît pas rentrer dans les idées de M. Ruyssen et de sa Conciliation Internationale.

D'ailleurs je dois dire que, lue à tête reposée, cette conférence Ruyssen (1) n'est pas bien méchante, seulement elle est bête, parce que du mot de Weterlé, *Français ne peux, Prussien ne veux Alsacien suis*, il tire la conclusion que l'Alsacien ne désire pas être Français et que c'est un contre bon sens, à mon idée, que de dire : cet individu ne peut pas avoir telle chose, *donc* il ne la désire pas ! ! ! Ensuite il croit, on dit que c'est par la paix. la douceur

____

(1) La lettre parle ici de la conférence faite à l'Athénée de Bordeaux le 28 Février 1913.

et les bonnes paroles qu'on obtiendra de l'Allemand qu'il traite bien l'Alsace, et il n'y a que la stupidité d'un pacifiste qui permette d'expliquer une assertion pareille ; le germain (il me semble) n'a jamais obéi qu'à la peur. Il est évident que M. Ruyssen n'est pas fort ni en logique, ni en psychologie, comme vous le faites remarquer.

L'Alsacien qui a écrit à M. Ruyssen : « Nous devons être un pont alors que nous sommes un fossé », s'est servi, en le simplifiant, d'un mot d'Auguste Lolance, ancien député protestataire. Rétablissons le texte exact: L'Alsace allemande est un mur ; l'Alsace française était un pont. Cela a un sens historique ; l'autre phrase n'est qu'une formule imprécise, vague... et qui ne revêt aucune idée populaire dans mon pays.